민족의 혼을 깨우다

한민족의 대서사시 한석산시집

시인의 말

문청 시절 작가가 되겠다던 친구가
그 희망을 포기하면서 한 말,
훌륭한 작가가 되려면
코피 서 말을 쏟아야 한다.
진지하게 인생을 사느라 한 말을 쏟고,
남의 글을 읽느라 또 한 말을 쏟고,
나머지 한 말은 자기 글을 쓰느라 쏟아야 한다.
그러나 나에게는 그럴만한 피도 열정도 없다.
그래서 그만둔다고 했다.
그렇다 먹을 제대로 갈면 묵향이 천리를 가고
붓을 제대로 세우면 글자에 혼이 실린다.
예술은 끝에서 만난다 더딜 뿐이다.
머리는 차갑고 가슴은 뜨거운 그런 사람으로 남고 싶다.

2024년 8월의 하늘 맑은 날

한석산

/ 차례 /

시인의 말 / 3

제1부 살아가는 시간들이 꽃이다

죽화(竹畵) / 12

꽃을 닮아가는 사람들 / 13

살아가는 시간들이 꽃이다 / 14

가슴에 달그림자 하나 키우며 산다 / 15

만남과 배려 / 16

세상 사랑하기에 좋은 봄이다 / 17

풀꽃 같은 친구 / 18

풀꽃 연가 / 19

상처 난 꽃의 향기가 더 짙다 / 20

내가 살아온 세월은 아름다웠다 / 21

멀리 있는 것은 아름답다 / 22

사랑은 바람이야 / 23

꽃나비 / 24

사랑 그 사랑 때문에 / 25

제2부 어느 별에서 왔는지

어느 비 오는 날의 오후 / 28

두물머리에서 띄우는 편지 / 29

능내리 푸른 산빛 / 30

진해 연가 / 31

내가 사는 이유 / 32

흔들리는 풀꽃으로 서서 / 34

청산도 아리랑 / 36

내 마음의 창가에 / 37

어느 별에서 왔는지 / 38

가시나무 새 / 40

빗소리 같은 당신 / 41

그리움이 비가 되어 내린다 / 42

내 사랑 자야 / 43

그랜드 캐넌 / 44

킬리만자로의 별 / 46

/ 차례 /

제3부 엄마의 봄날은 간다

늙어가는 부부의 시간 / 48

세상에 엄마 같은 여자는 없다 / 50

어머니의 눈물이 아름다운 세상을 만든다 / 52

눈물의 사모곡 / 53

들개 / 54

천년의 노래 / 56

어머니의 반짇고리 / 58

검정 고무신 / 59

늙은 어머니의 일기를 보면서 / 60

아버지 / 62

아버지의 목말 / 64

어느 양로원에서 / 65

어느 비 오는 날의 포장마차 / 66

어느 요양병원에서 / 68

엄마의 봄날은 간다 / 70

제4부 빈배

지금 이 순간의 행복 / 72

빈 배 / 73

대장간 / 74

그때 그 시절 풍경 / 75

상처 받은 영혼의 신음을 사랑한다 / 76

별이 흐르는 강 언덕 / 77

풍금이 있는 풍경 / 78

그대들의 꽃 같은 청춘이여 빛나라 / 79

태안 연가 / 80

천수만에는 철새가 모여든다 / 82

할미할아비바위 / 84

신두리 해안 사구 / 86

해미읍성, 해미순교성지 / 88

비상(飛上)을 위한 행진곡 / 90

제5부 민족의 혼을 깨우다

나의 조국 / 92

무궁화 꽃이 피었습니다 / 94

독도 별곡 / 96

3·1절 피로 쓴 역사 / 98

안중근 적의 심장을 쏘다 / 100

윤봉길 민족의 젊은 영웅 / 102

함성 / 104

그들은 조국을 위해 싸웠노라 / 106

등 돌린 어머니 같은 조국의 얼굴 / 108

한강 아리랑 / 110

백두산이 꾸는 통일의 꿈 / 112

조선 최고의 장수 이순신 / 115

천년을 두고 흐르는 강 / 116

삼전도 / 118

이어령(시인) / 120
후기 / 121

제1부
살아가는 시간들이 꽃이다

죽화(竹畵)

꽃을 닮아가는 사람들

살아가는 시간들이 꽃이다

가슴에 달그림자 하나 키우며 산다

만남과 배려

세상 사랑하기에 좋은 봄이다

풀꽃 같은 친구

풀꽃 연가

상처 난 꽃의 향기가 더 짙다

내가 살아온 세월은 아름다웠다

멀리 있는 것은 아름답다

사랑은 바람이야

꽃나비

사랑 그 사랑 때문에

죽화(竹畵)

물 맑고 바람 맑고 달 맑은 산골 소년
어릴 적 대밭에서 청죽의 정기 품었던
시인(詩人), 묵객(墨客)

그윽한 죽향(竹香)이 풍기는
초록빛으로 둘러쳐진 해묵은 집

휘영청 달 밝은 밤
대숲에 이는 맑은 바람소리 붓을 적셔
하늘과 땅 사이 죽화(竹畵) 한 점 그린다.

꽃을 닮아가는 사람들

가슴에 향기 고운
한 아름 꽃을 안고,
꽃을 닮아가는 사람들.

상처도 향기 좋은
꽃으로 피워내는
순수한 영혼들.

살아가는 시간들이 꽃이다

잘 살든 못 살든 인생, 돌아보면
뉜들 가슴 아리는 아픔 없었으랴.
세상은 하나의 꽃밭
오늘 어느 비탈에 서서
풀꽃으로 흔들릴지라도
우리 사는 곳과
살아가는 시간들이 꽃이다.

가슴에 달그림자 하나 키우며 산다

해와 달 별, 구름, 바람의 고향 하늘
초승달 보면 아기 보듯 하고
반달은 왠지 아쉽고
그믐달이면 괜스레 서럽고
보름달이면 사람들이 마구 그리워진다.

슬픈 달의 영혼 낮달
낮달을 보면
구름에 가린 달 마냥 이지러진
어린 시절 모습 비치고
설핏 떠오르는 지난 삶이 애처롭다.

내 인생의 순례길
은은하게 뒤에서 비춰주는 달
그리움일까
나도 달을 닮은 그런 사람이 되고 싶다
가끔은 누군가의 달이 되고 싶다.

만남과 배려

같은 곳을 바라보고,
같은 길을 걷는 우리
같은 자리할 수 있으니
이 어찌 좋지 않으리오.
서로에게 기쁨을 주는
배려가 있는 좋은 만남.
당신을 만남은 우연이지만
마음을 나눔은 영원입니다.

세상 사랑하기에 좋은 봄이다

봄이 지나서야
그때가 봄인 줄 알지만
봄이 오겠지
꽃은 봄에만 피는 것이 아니잖아
우리도 꽃처럼 살 일이다.

산다는 건 뭔지
가족이란 끈은 또 어떤 건지
세상 살아가는 일
작은 꽃 한 송이에서도 희망을 본다.
꽃은 사랑이다.

꽃 속에 갇힌 눈물
상처 하나 없는 꽃 어디 있으랴
꽃은 말이 없다
그래서 더 사랑스럽다
세상 사랑하기에 좋은 봄이다.
오늘도 꽃은 핀다.

풀꽃 같은 친구

꽃! 꽃들은 무슨 생각을 하면서 필까
생각만으로도 향기가 느껴지는 너
언제 보아도 반가운 친구

지는 꽃 피는 꽃
한동안 보지 못하면 하냥 그리운
고향의 들판 같은 친구

먼 길을 걸어가는 우리네 인생길에
속내를 털어놓을 수 있는
마음 편한 친구

어느 순간 나에게 시원한 바람이 되는
느낌이 좋은
너는 나의 풀꽃 같은 친구
꽃잎에 맺힌 물방울에서 네 모습을 본다.

풀꽃 연가

바람이 차다 추워도 꽃은 피는가
꽃 고것 참 예쁘다
이 꽃의 이름은 무엇일까
꽃의 고운 향이 사람을 부른다

난 가끔 작은 풀꽃을 보면서 운다
추울 것 같기도 해서
외로울 것 같아서
내가 안아 주어야 할 것 같아서

상처 위에 피는 꽃
장미의 계절도 풀꽃의 시절도
꽃 피는 일은 하늘에 별을 쏴 올리는 일
저 빈 들에 핀 꽃같이 살으란다.

상처 난 꽃의 향기가 더 짙다

꽃은 한겨울에 봄을 준비한다.
그래서 세상은 아름답다.
어디 꽃만 그러랴
우리도 꽃처럼 살 일이다.

세상에 상처 없는 이 어디 있으랴
꽃이 전하는 말을 들어보면
가슴에서 울리는 깊은 한숨도
향기를 품어내고 있다

살다 보면 꽃 피지 못하고 사그라든 인연도 많지만
휘어진 꽃대에 핀 꽃처럼
유난히 그리운 사람이 있다
나도 누군가의 그리움이 되고 싶다.

내가 살아온 세월은 아름다웠다

나에게서 가장 아름다운 날은 오늘
아름다운 세상 멋지게 살자
세상에서 가장 아름다운 것은 사랑
향기를 간직한 꽃과 같은 사랑이다
아름다운 사람아 눈빛 고운 사랑을 나누자.

머나먼 인생 여정
누구나 한 번은 겨울이다.
그러나 봄이 온다.
살아보니 알겠더라
내가 살아온 세월은 아름다웠다.

우리 함께 살아가는 세상
누구나 세상의 주인이다.
누구에게나 행복한 세상이 되었으면 좋겠다.
들꽃처럼 바람처럼 햇살처럼
우리 서로 사랑하며 살자.
내가 살아온 세상은 아름다웠다.

멀리 있는 것은 아름답다

향기 있는 꽃, 꽃을 보니 슬퍼지고
달을 보니 원망스러워지는 때가 있었다.
가끔은 만나지 못해
슬픔마저 생긴다 할지라도
그냥 만나서
얼굴만 보아도 반가운 그런 당신
잊을 만하면 그리워지고
곁에 있을 땐 아무런 향도 없다가
돌아서면 불연 듯 피어오르는
은은한 향이 참 밉다
무지개나 별이나 벼랑 끝에 꽃이나
멀리 있는 것은 아름답다.
꽃처럼 향기 나는 삶이 아닐 지라도
지금 당신 생각하면 가슴이 시려온다.

사랑은 바람이야

사랑은 바람이야 그래 사랑은 바람이지
나뭇잎 같은 내 마음에 바람 불어
꽃잎은 떨어져 날리더라도
봄바람처럼 다가가 꽃처럼 안기고 싶다.

꽃 등처럼 환히 나를 깨워 준
그대 마음속에 민들레 홀씨 되어
꽃 피는 날에 사랑할래요.

내 사랑 그대는 꽃으로 피었답니다
누구나 세상에 단 하나의 꽃
그리움이 차 버리면 눈물 꽃이 된다
언제 까지나 내 가슴속에 꽃 피울 사랑이여.

꽃나비

보고 지운 나의 마음
사랑하는 마음 없다면
이 땅에 풀꽃 한 잎인들 피울 수 있으랴
날개 꺾인 비운의 운명
하늘 벽 앞에 숨죽여 울었을 비비각시.

그 잔인한 사랑 각골刻骨
풀은 마르고 꽃은 시들고
서릿바람 끝에 떠도는 연 줄처럼
슬픈 몸짓에 매달려

구름 따라 바람 따라 살다 보니
내 인생 여기까지 왔네.
재 넘는 나그네 길에
바람 불고 꽃소식은 아직 없지만
오늘은 바람이 좋다.
세월아 너만 가거라. 난, 놀다가 가련다.

사랑 그 사랑 때문에

가슴은 차갑고 눈물은 뜨겁고 바람은 찬데
사랑 그 사랑 때문에
늘 마음속의 별을 바라보며 산다.

사랑은 영원히 알 수 없는 물음표
사랑 그것 참 모르겠더라.

인생은 바람 같은 것
바람 불면 더욱 생각나는 사람이 있다
당신도 그렇겠지요. 당신도 그렇겠지요.

사랑은 악보 없이 연주하는 연주곡
사랑, 인생, 그리고 시
사랑 속에는 많은 이야기가 들어있다
인생은 사랑이더라, 인생은 사랑이더라.

제2부
어느 별에서 왔는지

어느 비 오는 날의 오후

두물머리에서 띄우는 편지

능내리 푸른 산빛

진해 연가

내가 사는 이유

흔들리는 풀꽃으로 서서

청산도 아리랑

내 마음의 창가에

어느 별에서 왔는지

가시나무 새

빗소리 같은 당신

그리움이 비가 되어 내린다

내 사랑 자야

그랜드 캐년

킬리만자로의 별

어느 비 오는 날의 오후

비가 퍼붓는다, 술 마시고 싶다
신이 내린 술
빗소리가 뚝뚝 잔에 진다
신과 만나는 의식
비 오는 날에 술을 안 마시면 신(神)이 화내신다.

천둥 번개가 친다
술잔이 파르르 떤다
떠는 것이 어찌 술잔뿐이랴

술잔에 어리는 고독
창밖엔 비가 내리고 술잔은 비워져 가는데
빈 잔을 보면 채워지지 않는 인생이 보인다.

모든 술에는 어울리는 잔이 있다
비 오는 날은 슬프다
언제나 내 인생은 젖어 있었다
비가 올 때 장독대 옆 피어나던 도라지꽃이 그립다
비 오는 날엔 어디론가 떠나고 싶다.

두물머리에서 띄우는 편지

산 넘고 물 건너온 저 푸른 혼불
물빛보다 시린 가슴 다독여 어르는지

물새들 물수제비 뜨며 날아오르는
저녁 강 저쪽 그 너머 너머
나서 자란 땅의 살과 피가 몸에 깊이 녹아든
비밀스러운 아름다움을 간직한
고향 들판 곱게 물들이는 먼 산 놀처럼

내 황혼의 빛으로 가득한
생의 해 기우는 시간에
별달리 자랑할 것도 없고
부끄러울 것도 없는

삶과 시간, 사유 그 늪에 강
영혼의 고향 찾아 떠날 채비하는 나그네

서로 흘러온 길은 다르지만
두 물이 합쳐지는 두물머리 바라보며
내 영혼이 어느 곳으로 갈 것인지
뒤돌아보아야 하는 이 낯선 쓸쓸함.

능내리 푸른 산빛

첫새벽 풀잎에서 젖 같은 이슬 받아
백리향 녹아드는 찻물을 끓이는 날
능내리 푸른 산 빛이 샛강을 끌고 가네.
이에 저에 등 떠밀려 마현골 깃 사리고
두물머리 바윗돌에 깨어나라, 깨어나라
휘두른 저 붓 자국은 맥이 돌아 숨을 쉰다.
이가 시린 맑은 물 바위 틈새 길어 와서
벼룻물 어르는 아침, 딸깍 대는 분청다기
뒤뜰에 살구꽃 향기 마재마을 다 적신다.

진해 연가

어디론가 떠나고 싶은 그런 날
꽃 피는 이 봄날에
벚꽃 흐드러지게 핀 진해로 오라

벚꽃 비 흩날리는 여좌천
로망스 다리 통나무길
그 밑으로 실개천, 징검다리
물소리, 새소리, 바람 소리도 머물다 가는
봄꽃 향기로 물든 진해

어디론가 떠나고 싶은 그런 날엔
기차를 타고, 진해로 오시라
환하게 웃으며 하늘 가득 안고 있는
벚꽃 구경 오시라

내가 사는 이유

찔레꽃 향기 자지러지는 어느 날
목마른 나의 일상에
봄비처럼 다가와서
한 몸 되어 비탈진 내 삶을 온통
꽃내음 가득한 꽃밭을 이뤄준 당신

당신은 나에게 하늘 아래
가장 향기 고운 꽃이어라
내 곁에서 피었다 시들어지는
별을 닮은 한 떨기 순결한 꽃

곱다시 비다듬은 단정한 매무새
복사꽃 물든 환한 낯빛
아침 이슬처럼 초롱한 눈
도드라진 앵두 입술
수줍은 수선화 같은 미소
장미꽃보다 더 붉은 열정으로

높새 치는 설한의 세상 복판에서
봄, 여름, 가을, 겨울 없이

빛과 향이 어우러진 잎과 꽃을 피워
꽃보다 더 아리따운
사랑의 향기를 뿜어 올리는 당신은
오늘 내가 사는 이유입니다.

흔들리는 풀꽃으로 서서

봄 햇살 가득한 언덕
아름다운 꽃을 피우기 위해서는
찬바람이 일고, 서릿발 섬뜩한
눈 쌓인 깊은 겨울을
맨발로 건너야 하는 꽃

눈, 비, 바람, 땡볕
온몸으로 받아내며
해와 달 별빛 바라 가꿔 피운
들꽃의 미소만큼
따사로운 이 땅의 뜨락에서

흔들리며 살아가는 삶이
어디 꽃뿐이더냐
나도 한 떨기 작은 풀꽃
채이고 밟히면서
때로는 휘거나
흔들리며 살아가야 하지만

너라고 어쩌겠느냐
비바람에 흔들리면서 생을 완성하는
민초들의 살아가는 모습인 것을
하루를 살더라도
향기가 꽃보다 고운
풀꽃처럼, 풀꽃처럼 오늘을 살고 싶다.

청산도 아리랑

바다가 그리울 때 섬을 찾아
늘 푸른 청산도로 간다.
아이들의 말간 눈 같은 청산도의 봄
풀잎 하나 꽃잎 하나

청천 하늘엔 별도 많고,
우리네 인생 사연도 많지
아리랑 아리랑 아라리오
백 년도 힘든 것을 천년을 살 것처럼
아리랑 고개를 넘어왔네

삶의 쉼표가 되는 섬
아궁이의 잔불처럼 따뜻해 보였던 별
어딘가에 있을 별 하나 그리 워라

저 바다, 저 푸른 바다
넘실대는 청보리밭
갯바람에 몸을 흔드는 유채꽃
꽃이 지고 나서야 봄이 왔음을 알았네
아리랑 아리랑 아라리오 아리랑 고개를 넘어간다.

내 마음의 창가에

누가 우나 누가 울어
눈물 섞인 빗방울 떨어진다
내 마음의 창가에

어제는 비
참 서럽게 내리더니
오늘은 봄처녀
산다는 것
참 얼마나 눈물겨운 일이던가

울고 싶어라
빗물인지 눈물인지
비 맞는 사람
빗소리가 알몸으로 맞는 것처럼 신비롭다.

어느 별에서 왔는지

누군가를 사랑한다는 건 많이 아픈 일이다.
뼈저리게 아픈 기억 있지만
누구나 가슴에 별 하나쯤은 있다
추워야 더 반짝이는 밤하늘에 별처럼
그 아픔도 시간이 지나고 나니 사랑이더라.

사랑을 나누는 사람이 아름답다.
사랑은 사람이 이 땅에서 살아갈 수 있는 기운
어느 별에서 왔는지
사랑이란 이름으로 안 이루어지는 것은 없다
누가 사랑하지 않을 수 있으랴.

어느 사랑은 서로 사랑하고 미워하지만
세상 살아가는 일은 모두가 사랑이더라.
사랑이 떠난 미움도 사랑이더라.
이슬 받아먹으며 향기를 나누는 꽃처럼
사랑도 갈래가 있나

길가에 풀꽃 난 왜 너만 보면 눈물이 나지
너도 이제 꽃 피는 거야

어떤 사랑이든
꽃마다 피는 사연이 참 붉다.
시절이 아프다 많이
바람에 피가 섞였나 보다, 가슴에 꽃이 핀다.

가시나무 새

일생에 단 한 번 우는 전설의 새.
그 눈물이 바다가 될 때까지
온몸으로 젖어 우는 가시나무 새.

가장 길고 날카로운 가시를 찾아
스스로 몸을 날려 찔리게 한 뒤
그 쏟아낸 혈흔을 지워가는
제 목소리에 취한 핏물 밴 칸타빌레

뼛속까지 비워낸 날갯짓
영혼을 울리는 사랑의 세레나데를 위하여
한 번뿐인 목숨을 내어주는 새.
가시나무 새.

그리하여 온 세상은 고요 속에서
귀를 기울이고,
신까지도 마음을 움직이게 하는 새.
가시나무 새. 가시나무 새. 가시나무 새.

빗소리 같은 당신

오늘같이 비가 내리면
가슴이 두근두근
빗속에서 누군가를 만나기도 하고
떠나보내기도 합니다.

그리움의 끝은 어딘지
비라는 것은 왜
그리움을 가져다주는지
뜨겁게 사랑했기에 가슴 저리는

빗소리 같은 당신
어쩌지 못한 그리움
소년 같은 내 마음 어찌하란 말이냐
이젠 그립다 말할래요.

그리움이 비가 되어 내린다

외로움의 벗 비를 좋아합니다.
비로 인연이 된 사람
비 오는 날 고백한 사랑

자야 내 맘 자꾸 울리지 마라
그리움이 비가 되어 내린다.

흐르는 빗물에 넘쳐나는
열릴 듯 닫힌 문으로
눈길이 자주 가네.

유리창에 어린 추억의 얼굴
이제는 가슴에만 묻어 두었네.
빗소리 같은 당신
언젠가는 내 마음의 비도 그치겠지요.

내 사랑 자야

자야
무엇이 세상을 아름답게 하던가.
산과 언덕에 피는 작은 풀꽃이
가슴을 뛰게 하고,

자야
해가 질 무렵
산 아래 그늘이 지는 걸 보면
아름답지 않던가.

자야
오늘 같은 밤
차고 기우는 달을 보며
문득 떠오르는 사람이 있으니
그리울 때 생각나는 사람이 사랑이다.

그랜드 캐년

나는 세상이 아름다운 것을 모르고 살았다
여기 서서 세상의 아름다움을 처음 느낀다.
역사의 땅 그랜드 캐년 트레킹
나바호 인디언 성지 슬픈 길목
수천 년 삶의 애환이 서린 목숨 줄 같은 길에서

숨은 절경 은둔지 하바스 파이 인디언 마을
야성이 살아 숨 쉬는 원시의 숲
인디언 부족의 말발굽 소리
북소리 바람소리 천둥소리 빗소리
하바수 폭포 소리
우뚝 솟은 사암벽 둥지 튼 독수리 날갯짓이 걸작이다.

세상의 끝을 보는 것 같은 사우스림 절벽
구름과 바람 달과 별 태양의 고향
사라진 새끼를 찾는 어미 들개의 애절한 울음소리
뭇 생명의 영혼이 잠든 악마의 협곡
신이 빚은 장엄한 자연 예술품 장관이다

그랜드 캐니언 얼마나 많은 피를 마셨나.
석양 녘 붉게 타는 사막 핏빛 물든 사암

흩어진 이야기가 흐르는 콜로라도강
감동 경악 거대한 산맥 그 위대한 풍치 앞에
인간은 난리인데 자연은 여전하다.

인생이 곧 여행인 거 같다
난 그랜드 캐년을 다녀온 후
세상에 볼 것이 그리 많지 않음을 알았다
인생, 때론 길을 잃고 헤매지만
돌아보면 그랜드 캐년의 여행은
내 인생 여정에서 가장 행복했던 순간이었다.

킬리만자로의 별

새 생명의 역사
내 가슴 속 어딘가에 사자의 심장이 펄떡인다.
야수의 심장이 피를 내뿜는
젖은 흙냄새 피 냄새가 강을 이루는 세렝게티
먹잇감도 포식 자도 살기 위해 숨 가쁘게 달린다.

아프리카 초원
영혼을 풀어준 자비 없는 야생
어릴 땐 동물로 태어나면 사자로 태어나고 싶었는데
피 묻은 왕위에
그도 삶이 무척 힘든 걸 커가면서 알았다.

풀벌레 소리 가득한 저 푸른 언덕 너머
내 마음이 머무는 킬리만자로의 별
누구를 무엇을 기다리며 반짝일까
새벽잠 깨우던 고독한 늑대의 하울링 소리가 나를 이끈다.
세렝게티 그곳에 가고 싶다.

제3부
엄마의 봄날은 간다

늙어가는 부부의 시간

세상에 엄마 같은 여자는 없다

어머니의 눈물이 아름다운 세상을 만든다

눈물의 사모곡

들개

천년의 노래

어머니의 반짇고리

검정 고무신

늙은 어머니의 일기를 보면서

아버지

아버지의 목말

어느 양로원에서

어느 비 오는 날의 포장마차

어느 요양병원에서

엄마의 봄날은 간다

늙어가는 부부의 시간

나고 자라는 것도 다 자기 팔자라지만
삶의 무게는 누구나 같다
제집에 살던 노숙을 하던
마음속의 돌 하나는 지니고 산다.

지치고 힘든 날
잔소리로만 들리던 당신의 목소리도
살다 보니 사랑이란 걸 알았다.
저물어 가는 인생길
아내가 옆에 있을 때 잘해야겠다.

애절해진 마음 어찌 다 할 거나
사는 일 마음같이 되지 않아
맘 편하게 못해준 죄 어이하랴
지난 시절 돌아보면 가슴 시린 사연들이
저 깊은 곳에 사무치네요.

마음의 그림자
삶은 무겁고 죽음은 가볍다
누구나 한 사람은 먼저 간다.

오늘 같이 꽃피는 봄에는 아픈 기억은 생각하지 말자
당신이 내 아내여서 참 고마워요
여보! 사랑합니다.

세상에 엄마 같은 여자는 없다

엄마 아이구 내 새끼 나 어떤 여자랑 살까
음 여자는 뭐니 뭐니 해도
음식 솜씨 좋은 여자가 으뜸이란다.
응 엄마 같은 여자! 아야, 이놈의 집구석 징그럽다

곁에서 잠잠히 있던 아빠
야 이놈아 세상에 엄마 같은 여자는 없다.

청 보릿대 같던 시절 엄마와 할머니가 담근
김장김치 밑반찬 간장 된장 고추장
귀 떨어진 뚝배기 보글보글 된장찌개
어머니가 차려주신 밥상이 눈물 나게 그립다.

어머니의 젖내 나는 그 품속이 그리워 운다.
투정 부리면 달래주고,
칭얼거리면 젖가슴을 내주시던
그리운 어머니 엄마가 보고 싶다.

오늘 저녁 밥상은 엄마 손맛 같은 여자
밥숟가락에 묵은지 쭉 찢어 얹어주는

아내가 차려주는
자글자글한 고등어구이 한 손
된장찌개 호박잎 상추쌈에 보리막장
열무김치 배추겉절이 곁들인 보리 밥상이면 좋겠다.

어머니의 눈물이 아름다운 세상을 만든다

웃음 속에 슬픔
별빛 가득한 밤 달이 뜨는 언덕 위에
작은 풀꽃처럼 주저앉아
여자는 가끔 울고 싶을 때가 있다

아내의 배춧잎 같은 손
살구빛처럼 고운 살결
빈 수수깡처럼 바람들 때
아이들은 수수 알처럼 까맣게 익어갔다.

가슴 떨리는 사랑
살면서 다 큰 자식이 눈물을 보일 때
어머니의 가슴속엔 눈물이 강을 이룬다.
천년의 세월을 품고 있는 이름
어머니의 눈물이 아름다운 세상을 만든다.

눈물의 사모곡

내 뼈와 살과 피 어머니 사랑하는
어머니, 어머니, 부르면 부를수록
자꾸만 눈물이 나는 저문 마음에
이 천륜의 등불 같은 이름 석 자

되짚어 보는 발자국마다
밟히는 건 모두가 뉘우침뿐
앞만 보고 달려온 날들이
시린 발을 동동거리게 한다.

무엔가 잘못했을 때
괜찮다, 괜찮다, 하시던 어머니
참았던 눈물 왈칵 쏟게 하는
지청구보다 더 무서운 말씀 없는 말씀

귀에 쟁쟁 밟히는
지친 어머니의 징헌 기도 소리
허기진 밥상머리에서
주기도문처럼 읊어대던 말씀
그때는 몰랐다 살다 보니
내 가슴에 아프도록 와 닿는다.

들개

시골집 할머니 손에 자라던 개와 고양이
개건 고양이건 사랑해 주면 다 아는데
왜 사람만 그걸 모르는지
떨어지는 꽃잎 하나에도 아파하는

할머니가 가마솥에 물 담는 소리
쌀 씻어 넣는 소리 감자 넣는 소리
야채 다듬는 소리 보글보글 찌개 끓는 소리

풀꽃같이 자잘하고 애처로운 사랑 이야기
누구나 슬픈 기억은 있다.
이 세상 사연 없는 사람은 없다.
세상 모두가 날 모른척할 때 위로해 주고 알아주던

엄마한테 한 소리 듣고
슬퍼서 할머니 품에 눈물 쏟은 게 엊그제 같은데
어언 그 할머니 나이가 됐으니

아플 때 말 상대 없고 막상 나이 들고
친구들도 자기 인생 사노라 외면하고

상처 주는 인간보다 교감하는 동물이 더 낫지
개는 인생이라고 할 만큼 좋아하지만

병든 부모 휠체어는 뒷전, 유모차 태워
아이 대신 강아지 콧바람 쐐 주고,
사람에게 상처받은 아이들이 가엾지만
개, 고양이 보다 부모를 챙기는 사람이 되면 좋겠다.

천년의 노래

도라지 도라지 도라지
심심산천의 백도라지

이 땅의 꽃 도라지
도라지꽃 나리꽃 지천이던
내 고향 뒷산
한 송이 꽃은 당신입니다

외갓집 텃밭에 가득 피어 있던 꽃
감자 꽃 보면 할머니 생각이 나고
도라지꽃을 보면 엄마 생각이 난다
도라지 도라지 도라지

도라지 도라지 도라지
심심산천의 백도라지
한 두 뿌리만 캐어도
대바구니로 반실만 되누나
에헤요 에헤요 에헤헤요
어여라 난다 지화자 좋다
저기 저 산 밑에 도라지가 한들한들

조선의 혼 토종 꽃
울 밑에 봉선화 나팔꽃
채송화 다 어디로 갔는지
그 이름 천 년을 두고 불러 주리라
도라지 도라지 도라지
심심산천의 백도라지

어머니의 반짇고리

자식들 땟거리 걱정에 시작한 어머니의 삯바느질
어머니 눈물에 젖은 등잔불 밑에
늘 줄이고 늘이고
바느질하는 모습은 내게 익숙한 삶이었다.

어릴 땐 엄마 하고 부르기만 하면
먹을 것이 나오는 줄 알았다.

불효 심한 자식 걱정에 궁궁하며 살아온 세월
어찌하여 인생길이 그다지도 고단 한가
어머니의 일생은 여자의 일생 같은 시절을 보내셨다.

밥은 먹고 다니니? 밥 잘 먹고 다녀라
아야! 끼니 거르지 말고, 꼭 챙겨 먹어라, 알았지?

지금은 어머니보다 더 눈이 어두운 아내 곁에서
세상사 엉킨 실타래를 풀고 바늘귀를 꿰 주며
실과 바늘처럼 삶의 솔기 없는
자투리만 남은 천 조각 같은 생을 한 땀 한 땀 시침질한다.

검정 고무신

눈 덮인 초가지붕 아랫목 화롯불이 피어나던
뭔가 아련하고 애잔한 느낌의 시절
인생의 길모퉁이서 만난 사람들
내가 사랑했던 사람들 나를 사랑했던 사람들
지쳐 버린 내 마음 아는 이 없어도
진한 그리움에 가슴 저린 보고픔이 이는데

이름만 불러도 눈물이 아리 아릿한
나의 인생에 함께 했던 수많은 얼굴
그들은 지금 어디에 있는지
사는 게 힘들어 잊고 살았던
사랑했던 사람들의 발자취를 묻어둔
검정 고무신 시절 황소보다 못한 찬밥 덩어리 같은
살아온 지난날을 생각하니 사는 게 눈물입니다.

가고 싶은 그 시절 그리움 속 깊은 사랑
내 어린 날 어머니 아버지 지금 나를 보시면
얼마나 만지고 싶고 말하고 싶으실까
울고 싶은 가슴 짓누르는
아픔으로 그려지는 어머니 엄마 보고 싶어요.
지난 인생길에 함께 했던 잊혀진 얼굴이 보고 싶다.

늙은 어머니의 일기를 보면서

부모가 되어보니 부모 맘이 보이더라
아들 아들 하면서 다들 다 퍼주고
아쉬울 땐 딸 찾고
정작 사랑도 돈도 다 준 아들은 모른 척하는 현실

누구나 살면서 아픔을 겪기도 하고
어느 가정이나 말 못 할 사정은 있다.
부모에게 애연한 자식이 몇 있을까 싶다.
노년기에 접어드니 너무 슬프고 아프다.

노년에 상처받지 않은 이 어디 있으랴
자식 비위 맞추다 다 퍼주고
노년에 자식 짐이 되지 말고
뭐든지 적당히 하는 것이다.

부모를 마지막으로 모시고 사는 세대
위아래 다 책임지다
잿불 같이 꺼져가는 노년에
마지막을 지켜줄 부모 모실 자식 하나 없는 시대

세월은 젊은이들의 것이라지만
청개구리의 슬픈 노래가 들려오니
그대여 슬퍼하지 마라
인생의 무게를 느끼고 있을 이 시대의 청춘 이여
우리 인간은 누구나 늙어간다.

아버지

자식은 부모의 눈물 어린 꽃
핏줄을 위한 눈먼 사랑으로
나를 키워내신 울 아버지
하늘같은 내 아버지

젊어서는 일에 치고
늘그막엔 그 일이 없어
외로웠던 아버지

어느덧 세월이 지나 살다 보니
두 어깨를 축 늘어뜨린
그때 풀이 죽은 아버지의 뒷모습
참 많이도 닮았어라.

나의 사랑 중의 사랑, 가장 깊은 사랑
아버님이 하신 말씀
사랑하는 아들아
세상의 빛이 되라 소금이 되라
좋은 삶을 베푸는
아름다운 이웃이 되어라

당신께 듣던 그 말씀 말씀이
그리워지는 날 나도
내 사랑하는 아이들에게 그 말이 하고 싶다.

아버지의 목말

고독한 사자 같은 아버지란 그 이름
남자의 인생이 아닐까
가슴으로 삭이는 아버지 사랑
어렸을 적 목말 태워 주신 아버지
그냥 밉고 미안하고 고맙고 사랑하는데
사랑한다는 말
보고 싶다는 말은
왠지 입에 붙지 않아
말할 수 없는 존재가
아빠인 거 같아서 더 슬프다.
아버지의 큰 아픔보다
고뿔 걸린 내 아이의 작은 아픔을
더 아파했던 불효
아버지를 가슴 아프게 했다
돌에 차인 듯 덜컥 마음에 걸립니다.
아버지 용서하세요. 사랑합니다. 사랑합니다.

어느 양로원에서

누가 인생을 한낮 구름 같은 거라고 했나.
바람 부는 대로 물 흐르는 대로
그렇게 살다 가는 것이라오
뭘 그렇게 고민하시오
흘러가는 인생 아름답게 살아요

삶은 지나가는 바람이고
영원한 것은 아무것도 없다.
욕심이 없으니 마음이 편하고
지혜가 있으니 내려놓고
시기심이 없으니 다투지 않고
불쌍히 여기니 배려하고

우리 모두 다 늙어가는 인생인데
늙고 병들고 냄새나고 고집 세
아이처럼 이쁘지는 않지만
얼마 안 남은 삶 좋게 봐주세요
우리 모두의 미래잖아요. 내일이잖아요.

어느 비 오는 날의 포장마차

난 지금 사람이 그립다.
내 어린 날의 노래 눈물 젖은 빗소리
추억의 연탄불에 고추장 꼼장어 진한 냄새가 생각난다.
이런 날은 그저 포장마차에서 소주 한 잔 땡겨야 하는데
요새는 포장마차도 잘 안 보이니 아픈 그리움이네.

도시 변두리 막다른 골목 한 지붕 다섯 가족
단칸방에서 온 가족이 저녁 먹고
티브이보다 다 함께 자던 그때 그 시절
그땐 옆방 엄마가 우리 엄마같이
네 엄마 내 엄마 없이
아이들이 보이면 안고 밥 떠 먹여주던 시절

늦은 밤 아버지 귀갓길은 온 동네 똥개들이 뒤를 따랐다.
양념 묻은 손에 쥔 찢어진 봉지에 닭발 몇 개
거나한 취기에 서투른 애정 표현 투박한 아내 잔소리
자식들의 술 냄새 투정 얼마나 외로우셨을까
나이 들고 살다 보니
그저 원망만 했던 아버지 생각에 울컥 눈물이 나네요.

고단한 시대의 애환을 한잔 술로 풀어내던 포장마차
아버지는 술이 아닌 눈물을 삼켰다.
어릴 때 아버지 손잡고 따라가
처음 먹어본 꼼장어, 닭똥집, 오뎅 한 꼬치
아련한 카바이트 불빛
포장마차에 떨어지는 빗소리 아직도 잊을 수가 없다.

어느 요양병원에서

인생이 다 들어있는 80줄에 들어서니
100세 시대 자식들도 골골한 중년인데
누워서 맞이하는 100세는 아무 소용이 없다.
오래 사는 게 중요한 게 아니다

부자들은 더 살고 싶어 못 죽고
가난한 자는 돈이 없어 못 죽습니다.
돈 없는 노후는 고통입니다.
살아보니 모든 게 돈이더이다.

혼자 힘으로 살아가야 할 세상
돈 없이 못 살아요
본인들의 노후 준비는 하시고요
돌아가실 때까지 돈 꼭 가지고 계세요

유치원은 없어지고
요양원 간판은 자고 나면 늘어나고
시대가 바뀐 요즘 세상
노후 준비를 단디 해야지요.
자식들도 즈그들 살아야 하니까

딸도 딸 나름 아들도 아들 나름이라지만
마지막까지 곁을 지키는 건 딸 이지요
아 글씨 큰 아들 큰 아들 했더니
요양병원에 넣는 놈이 큰아들이었다오

엄마의 봄날은 간다

예쁜 꽃을 보면서 아유 예쁘다 예쁘다
감동하시는 꽃 같으신 어머니
봄이 오는지도 눈이 내리는 지도
사랑하는 사람이 오는지도

사랑하고 자식 낳고 살다
나이 먹어 서글프고
이젠 가족도 못 알아보고
향기 없는 마른 꽃과 같은 분

지금은 설핏 알아보시지만
처음에는 놀랍고,
슬프고 힘들었는데
돌아보니 딸이 있었다 딸
아픔이 세월만 하다.

자식도 친구도
내 옆에는 아무도 없었다.
꽃이 피어야 벌도 오는데
아픈 게 마음대로 되는 것도 아니고
엄마의 봄날은 간다.

제4부
빈 배

지금 이 순간의 행복

빈 배

대장간

그때 그 시절 풍경

상처 받은 영혼의 신음을 사랑한다

별이 흐르는 강 언덕

풍금이 있는 풍경

그대들의 꽃 같은 청춘이여 빛나라

태안 연가

천수만에는 철새가 모여든다

할미할아비바위

신두리 해안 사구

해미읍성, 해미순교성지

비상(飛上)을 위한 행진곡

지금 이 순간의 행복

이 보시게나 사람 사는 것 별것 없네.
인생 뭐 있나
살아 있음에 감사하며
탐하지도 저버리지도 않는 삶
꽃 볼 수 있고,
아기의 옹알거림 들을 수 있으면
사는 것이네.
그것이 우리 삶과 행복의 뿌리라네.

빈 배

사랑 인생 그리고 시 내 인생의 사랑
인생은 사랑이야
사랑은 모든 허물을 덮나니
세상이 아름다운 것은
사랑이 있기 때문이야
사랑이 없다면 어찌 살 수 있으랴
우리 다 함께
사랑이 넘치는 세상 가꾸어가자
때로는 사랑하는 사람들로 인해
아픔도 고통도 겪어야만 하지만
사랑에 서툰 당신 그것은 사랑이었어.
살다 보니 삶이 그러하더이다.
인생은 생의 강을 건너는 빈 배
우리 바람처럼 구름처럼 흘러가자꾸나.

대장간

속살까지 죄 들어낸 화덕 안 잉걸불에
안으로 결 삭으며 붉게 익은 쇳조각을
담금질, 담금질한다. 뿌지직 노을이 탄다.
시우쇠 무딘 정수리 쌍메로 두들겨서
숫돌에 양날을 세워 살의(殺意)가 번득이는
갓 벼린 조선낫 들어 검은 밤을 가른다.
벌건 불꽃 입에 물고 쇠붙이 기다리는
대장간 언저리서 곁불 쬐던 한 소년이
얼룩진 사진 속에서 풀무질을 하고 있다.

그때 그 시절 풍경

젊음은 잠깐 피었던 꽃 같지만
그 향기는 기억 속에 추억이 돋네
그리워라 그 때 그 소꿉친구
그립고 가고 싶은 그때 그 시절
그때 코흘리개 싸우고 뛰어놀던
그 친구들의 눈동자 웃음소리
한참 젊으셨던 할아버지
엄마 아버지 모두 다 어딜 갔나
다시는 돌아갈 수 없는 어린 시절
따듯한 이웃의 마음들이 있어서
가난해도 가난이 뭔지 몰랐지
아이들도 니애 내애 할 것 없이
골목에서 같이 키우고
그때는 다들 그랬지
그냥 그런 줄 알고 살았지
아픔도 같이 해주고 그때가 그립다
모두가 가난하고 힘들었던 그 시절
우리 시대 어머니들 어떻게
그 고단한 삶을 견뎌내셨는지
물지게 지고 신발도 때워 신던
한국은 잿더미 속에서 장미를 피웠다

상처 받은 영혼의
신음을 사랑한다

누구나 삶 속에는 눈물이 숨겨져 있다.
사람의 마음을 흔들며 피는 꽃
추억도 때로는 아플 수가 있으니
상처 받은 영혼의 신음을 사랑한다.

인생의 벗이 그리워지는 계절
돌아보면 쓸쓸한 내 인생이지만
그리운 눈물이 되어주는 사람
보고 싶은 사람이 있다는 건 행복한 일이다.

누구나 사랑을 하고 이별하지만
누군가의 사랑이 비에 젖어 울고 있다
사랑하는 사람아 서러워마라
비 오는 날 비 맞으며 우는 사랑이 내 사랑이다.

별이 흐르는 강 언덕

꽃피는 별에 사는 우리 사랑이어라
인생 물 위에 떨어진 꽃잎 같은 것
가슴은 시든 꽃잎처럼 말라가는데
그리움은 강물처럼 흐른다

그리움을 안고 흐르는 강
흐르는 별빛 흐르는 강물
흐르는 눈물 이 슬픈 아름다움
그리운 것은 모두 강에 있다.

흐르는 것이 어디 강물뿐이랴
인생은 물이요 구름이요 바람이어라
강과 별이 흐르는 강 언덕
길 떠난 나그네 등줄기 땀을 식히는
한 줄기 시원한 강바람이 되고 싶다

바람 같은 존재 구름 같은 인생
저 강 흐르는 물처럼 살으란다
강 건너 마을에 하나둘씩 등불이 켜진다.
나, 집으로 돌아가야겠다.

풍금이 있는 풍경

내 마음의 풍금
지난 시절 음의 바람을 일으킨 풍금
건반 위 꼬물거리는 손가락 끝에
어리광이 잔뜩 들은
노란 개나리꽃 같은 맨발의 아이들
흰 건반 검은 건반 위 뛰논다.

인생은 음악 같은 것
삶의 멜로디는 아름답고
가사는 슬프다

관절이 삐걱 이는
눈먼 풍각쟁이 영혼을 닮은 진동음
컥컥거리는 숨 가쁜 바람 주머니
노구의 시린 발목이 덜커덕거리는 발판

눈동자 까만 아이들 꿈을 키워준
풍금이 흐르는 교실
연륜이 100년쯤 된 눈먼 풍각쟁이의 비가(悲歌)
고장 난 풍금 시인이 들려주는 풍금 소리
풍금의 추억 그리운 풍금 소리

그대들의 꽃 같은
청춘이여 빛나라

청춘은 불꽃이어라
그대들의 청춘 얼마나 아름다운가.
이 계절은 그대들의 봄이다
눈부시게 푸른 그대 젊은 날을 위하여

뜨거운 가슴 뛰는 소리
이 세상 끝까지 울려 퍼질 때까지
그대의 청춘을 노래한다.
타버린 가슴에 재만 남은
불타오르는 혼 내 젊은 날의 노래

어둠이 내려앉은 시간을 지나
사자의 심장을 지닌, 청춘의 산맥을 오른다.
청춘이여 청춘이여
그대들의 꽃 같은 청춘이여 빛나라

태안 연가

산과 섬 바다가 부르는 손짓
뜨는 해 아름답고 지는 해 더 아름다운 꽃지
내 유년이 봄날 아지랑이처럼 피어나던 곳
그때의 햇살, 냄새, 정취가 느껴지는 듯
조막만 한 심장에 바다만 한 상처가 파도를 친다.

할머니 할아버지 아버지 어머니
코 찔찔 흘리며 배웠던 단어들
바다 같은 아버지 땅을 닮은 어머니
어릴 적 할머니 손잡고
타박타박 십리길 신작로를 걸어서
태안 오일장 3·8일 장 구경하던 어린 시절 추억의 장터

영혼의 허기를 달래주는
뜨끈한 국물처럼 맑은 우럭젓국 같은 사람들과 한자리에서
게국지 한 뚝배기 갱개미 무침 한 접시에 담긴 정
박속낙지탕에 막걸리 잔을 기울이는
박속처럼 하얗고 여린 마음을 가진 태안 사람들

얼굴은 사랑하는 것들을 닮는다.
옛부터 나라와 민족을 위해 서라면
목숨도 바치는 충절의 고장 태안
우리 민족의 정신과 역사가 살아 숨 쉬는 지역
역사적으로 나라와 민족을 위해 민초(民草)들의
사랑도 컸다.

천수만에는 철새가 모여든다

새벽을 여는 새들의 긴 활갯짓
잠을 터는 갈대숲
하늘빛 산빛 돌아드는
천수만 철새 도래지

그 작은 날갯짓 하나로
목숨 걸고 오가는 저 허공
깃털도 고운 온갖 철새 찾아와서
날개 기대는 곳

내 유년의 깃 접었다 펼쳤다
새 등에 얹혀
새보다 높이 날던 어린 날의 꿈

돌아가기엔 너무 먼 기억 저편
재우쳐 날지 못하는
죽지 젖은 한 마리 새
꺼이꺼이 울면서, 울면서
제 둥지를 찾아 젖은 깃 추스르며
'검은 여' 뜬 돌(浮石)에
흙 묻은 부리 닦는다.

요람 속 착한 눈망울 올 맏배 새끼들
수없이 활개 치는 비상의 몸짓
다들 짝을 지어
후르르 제 갈 길 떠난 뒤
내 마지막 머물 곳 어디쯤일까

하늘을 날다 지친 새들의 보금자리
달도 별도 내려앉는
천수만 빈 들녘 끝
나 여기 쉼표 하나 찍는다.

할미할아비바위

저리도록 시려 오는 바다 한끝
늘 푸른 해변 마을 꽃지 수호신
슬픈 사랑의 전설을 간직한
할미바위 할아비바위

둘이 마주한 봉우리 사이
저 찬란한 한 줄기 빛 속으로
천년의 깃 펼쳐든 불새
비익조 희망을 불러낸다.

아름다움은 숨겨도 먼빛을 내는가.
툴툴거리며 끌려가는 멍텅구리 배 한 척

절체절명의 비명 덩어리
저 황홀한 환한 적멸 물때 맞춰
할미할아비바위 정수리
명승 낙관 하나 찍는다.

해를 품에 거둔 서해 사납게
뒤척이는 어기찬 파도 서러워라

오늘 해 기운 이 땅 지친 이웃에
내일이면 사랑을 주는
행복을 주는 푸른 태양이 뜨겠지.

신두리 해안 사구

파도가 싣고 온 돌, 조개, 소라, 전복 껍데기
그 하얀 그리움이 쌓이는 바람의 언덕
신화와 야성이 살아 있는 땅 원시의 저 늪
천연기념물 제431호 신두리 해안 사구

나지막한 모래 구릉 예제서 일가 이룬
해당화 갯그령 갯완두 갯메꽃 갯방풍
쇠뜨기 땅나리 갯더부살이 순비기나무
골풀 떡쑥 모래지치 갯쇠보리 통보리사초

해와 달, 별과 새, 꽃과 나무를 다 담아낸
바닷바람 시새운 사구지대 두웅습지
발목 묻은 야생 동식물 혀가 타는 애기마름
붕어마름 매자기 금개구리 아무르산개구리

표범장지뱀 발자국 선연한 다님길 언저리
둥지튼 맹꽁이 종다리 무자치 쇠똥구리
흰물떼새 꼬마물떼새 황조롱이

사람과 자연이 더불어 살 비비며 사는 동네
늘 푸르게 펼쳐진 저 산 이 들판
해가 뜨고 달이 차오르는 신두리 해안 사구
시원의 갈기를 본다.

해미읍성, 해미순교성지

하늘을 오르던 새도 땅으로 내려앉아
깃 사리고 젖어 우는 순교성지
산 채로 형틀이 된 슬픈 운명을 띄고
피 어린 철사 줄에 묶여 있는
휘어진 먼 조선의 순례길

그 박해와 참혹한 순교의 슬픈 뜰
여숫골 호야나무 찾는 이도 서러워라
목 잘린 갯바람이
야만의 시대 옹이진 상처로 남은 역사
핥고 가는 해 저문 저녁

여기 자리개 돌 그 투박한 사투리로 들려오는
갈 곳 잃은 영혼들의 소리 없는 아우성
진둠벙 성모 마리아상 앞에 꿇어앉아
성수보다 더 푸르게

울면서, 울면서 기도드리던 믿음의 선조들
목숨과 맞바꾼 순교의 기도
모두 그렇게 구새먹은 둥치 쓰러지듯 사라졌다.

지금 나는 듣는다.
하늘로 뻗은 가지 뚝 부러지는 소리
살아남은 자의 슬픔을
뼈아픈 그날, 그날의 고백성사.

비상(飛上)을 위한 행진곡

저 높은 하늘을 나는 솔개 둥지를 보라
알에서 갓 깨어난 솔개
볼품없고 그 날개조차 초라 하지만
야성이 살아있는 천 길 절벽 끝
한 번 비상을 위한 천 번의 푸닥거림
하늘을 들었다 놨다 벅찬 날갯짓을 꿈꾼다.

젊음의 꿈이 날 수 있도록 날개 달아준 조국
이제 비상의 날개 펼칠 때
그대는 저 하늘을 나는 자유로운 새
땅을 딛고 잠시 숨 고르는 솔개
꿈을 품고 하늘을 날기 위해 발톱 세웠다.
날개 편 희망의 비상(飛上)을 위한 큰 북소리

앞으로 앞으로 나가자 꿈을 향해 나아가자
뭉치자 노래하자 희망을 노래하자
희망이 없는 세상이란 없다.
이 시대의 어둠을 녹이는 하늘의 별이 빛나잖니
별처럼 빛나는 젊음의 꿈을 믿는다.
다음 천 년의 대한민국을 위하여
우리 다 같이 노래하자 노래하자 별을 노래하자

제5부
민족의 혼을 깨우다

나의 조국

무궁화 꽃이 피었습니다

독도 별곡

3 · 1절 피로 쓴 역사

안중근 적의 심장을 쏘다

윤봉길 민족의 젊은 영웅

함성

그들은 조국을 위해 싸웠노라

등 돌린 어머니 같은 조국의 얼굴

한강 아리랑

백두산이 꾸는 통일의 꿈

조선 최고의 장수 이순신

천년을 두고 흐르는 강

삼전도

나의 조국

이 땅에 뿌리 내린
오천 년 역사의 칠천만
단군의 위대한 후예들
참된 애국 혼을 불러일으킬
장엄한 웅비(雄飛)

누군가 자꾸만 흔들어 깨우는
큰 뜻 서린 천지 기운
조용한 아침의 나라
내 조국 내 겨레
두 갈래로 갈린 우리민족

한 핏줄 남과 북의 혈맥을 이어
온 겨레가 하나
배달민족의 투혼으로
영원히, 영원히 꺼지지 않는
동방의 등불 나의 조국
찬란한 내일이 찾아올 것이다.

우리의 소망 인류의 희망
젊은이여 가슴을 펴라
조국이여 날개를 펴라
푸른 창공을 맘껏 비상하라
더 높이 더 멀리
온 누리로 뻗어 나가라.
너희는 모두가 세상의 빛이어라.

무궁화 꽃이 피었습니다

세월! 세월이 생각을 앞서는 것일까
꽃도 인간 시대를 따라가나 보다.
시절 비낀 꽃이 세상을 황홀하게 하더니만
어느 바람에 지고, 지금은 풀꽃인데
때 아닌 꽃바람이 인다. 세상이 너무 춥다
언제 까지나 피어있을 는 지.

눈물 없이 고통 없이 피는 꽃 어디 있으랴
꺾이고 짓밟히고 뿌리 채 뽑혀버린
유관순, 안중근, 윤봉길
내 가슴속에 별 같은 먼 그리움
홍익인간의 정신을 물려받은
흰 광목 저고리, 치마, 바지의 수건을 머리에 두른
고달픈 인생길에 만난 민초들의 애환이 깃든
무궁화, 무궁화로 피어나리라.

보라! 이 나라의 징표 민족혼이여 불타올라라
겨레의 큰 스승 백범 김구 민족의 앞길을 밝힌 도산 안창호
태극기, 애국가, 무궁화, 국새, 나라문장

보고 있노라면 뭉클하게 솟아오르는 애국심
한 조각 붉은 마음 일편단심(一片丹心) 무궁화
오직 조국을 위해
아! 무궁화 이 땅 위에 피었네.

독도 별곡

백두와 한라의 혼과 피를 물려받아 오랜 잉태 속에서
해 돋는 우리 땅 독도 대한의 영혼
피 말리는 자식 같은 저 뜨거운 화산 섬
단 하루도 안부를 궁금하게 여기지 않은 날 있더냐
밤새 배고픔에 골골거리던 갈매기
흙도 없는 비탈진 바위틈새
땅 채송화 해국 번행초 독도를 이뤄가는 작은 것들

진정한 조선의 어부 안용복
돌섬 지키려고 목숨 내걸고 살고자 했던 홍순칠
독도 맨 처음 주민 최종덕 민초들이 지킨
내 심장과도 같은 내 나라 내 땅
애국 혼이 살아 꿈틀거리며 한민족의 맥을 이어

지난 1500년간 우리 고유 언어로 섞어 불리는 독도
애초에 한국령 삼봉도(三峰島) 우산도(于山島)
가지도(可支島) 요도(蓼島) 독도(獨島) 일제 강점기
40년 한 맺힌 역사가 고스란히 새겨져 있는 땅
자연 속에 우리 또한 더불어 사는 건데
가슴팍 어느 한곳 성한데 없어라

그 멍든 속이 짠하게 보이는 빗금 친 우리의 영해
시커먼 속 알 수 없는 멀고도 가까운 이웃나라
잊을 만하면 한 번씩 금줄 넘어 노략질하던
야수의 피 묻은 이빨 들어내며 으르렁거리는 왜국
좀 더 가까워 질수 없는 이웃이어서 더 가슴 아프다

참 많이 아픈 내 사랑
버짐 핀 어린 날 낯선 만행에 치를 떨던 단발머리 소녀
지금도 분에 겨워 울부짖는 수요 집회소리 들리지 않느냐
하늘은 스스로 망하고자 하는 자를 벌 한다
늦기 전에 더 늦기 전에
너희들 모국어로 독도를 독도라 불러라
천년을 흘러도 독도는 독도다 독도는 독도다

3·1절 피로 쓴 역사

나라를 구한 소녀
3·1운동 의 꽃, 유관순 열사
그는 왜 깃발을 들었는가.
나는 대한국인이다.
살아서도 독립만세 죽어서도 독립만세

나라를 지키고자 했던 소녀
내 손톱이 빠져나가고
내 귀와 코가 잘리고
내 다리가 부러져도
그 고통은 이길 수 있사오나

나라 잃어버린 그 고통만은
견딜 수가 없습니다.
나라에 바칠 목숨이
오직 하나밖에 없는 것이
이 소녀의 유일한 슬픔입니다.

3·1운동 정신이 살아 숨 쉬는
여기 독립운동의 성지
가슴에 되새기는 그날의 함성
대한독립만세 대한독립만세 대한독립만세
오늘 이 땅의 3·1절 정신을 기린다.

안중근 적의 심장을 쏘다

오천 년 온갖 시련과 고난의 국난
나라를 빼앗겼던 울분
안중근 그는 적의 심장을 쏜 영웅
피로 쓴 눈물의 역사
8 · 15 해방을 맞아
나라를 되찾은 슬픈 감동
뼈아픈 역사 6 · 25 전쟁
잊지 말아야 할 우리 민족의 비극
고생이란 걸 모르고 산
지금 젊은것들이
저 시절을 겪어봤어야 뭘 알지
뿌리 없는 나무가 어디에서 날 것이며
나라 없는 백성이 어디서 살 것인가
우리 안중근 정신을 바로 세우자
국가는 뭣 하는가.
시대의 희생자
독립운동가 자손의 설움
그 가족들의 눈물을 닦아주지 못한
국가와 민족의 죄가 크다

민족정신을 지켜낸 눈물의 곡절
아버지 아버지 아버지
울부짖는 한 아이의 울음소리가
이 땅 일그러진 내 귓전을 울린다

윤봉길 민족의 젊은 영웅

윤봉길 그는 무엇을 위해 폭탄을 던졌나
1932년 그의 나이 25세
그해 4월 29일 11시 40분
중국 상하이 홍커우 공원
왜국의 심장을 겨눈 항거
폭탄이 터지자 일본 열도가 발칵 뒤집어졌다

민족혁명의 투쟁가
윤봉길의사(義士) 이봉창의사(義士)
안중근의사(義士) 유관순열사(烈士)
난세의 젊은 영웅들
가슴속에 새겨둔 신성한 이름
천년을 기억해야 할 큰 위인이시다

역사에 이름 한 줄 못 남긴
내 나이 스물다섯은 헛된 삶이었지만
의사(義士)의 스물다섯은
진정한 남자의 의미 있는 죽음이었다
나의 삶이 부끄럽다

이 땅 후손들이 자유를 누릴 수 있도록
피와 목숨을 바친 독립운동가
눈물로 세워진 나라 대한민국
민족의 영웅 뼈에 녹아있는 혼 속에
나도 부끄럽지 않게 뼛속 깊이 녹아들리라.

함성

노병은 말한다.
6월의 오늘 목숨 바쳐 나라를 지킨 호국영령 앞에 묵념하라
8·15해방 독립이 이루어지고 5년 후 터진
뼈아픈 역사 6·25 사변
밀려드는 탱크를 맨몸으로 부딪혀야 했던 국군
적은 이겨 전선을 넘으려 하지만 우린 죽어 지키려 한다.

자유를 지키기 위해 얼마나 많은 피를 흘렸는지
그대들이 흘린 피는 바다가 되었고
그대들이 흘린 땀은 땅이 되었으며
그대들의 영혼은 하늘이 되었다
저 뜨거운 함성 그들은 피로써 조국을 지켜냈다.

가슴 아프고 슬프다 무엇을 위한 전쟁인가
누란의 위기에 처한 한국을 구한
혈맹 16개국 참전용사 이름 모를 푸른 눈의 이방인
피 끓는 청춘으로 포화 속에 생을 묻은
전쟁이 앗아간 저들의 청춘을 무엇으로 갚으리

땅은 기억한다. 우리의 역사를
이 땅 대한민국은 수많은 선조들의 피로 세워진 나라
죽어서도 민족의 혼을 지닌 순국선열과 애국지사
호국영령의 꺼지지 않고 타오르는 뜨거운 민족정신을
우리는 천년을 두고 이 땅에 새겨야 한다.

그들은 조국을 위해 싸웠노라

하늘이 무너지고 땅이 꺼지는 일이었다
이 땅에 찾아온 광복의 기쁨도 잠시
민족의 가슴에 총부리를 겨눈 6·25 동란
제 무덤을 파는 삽질 소리 땅을 울렸다
전선은 붉은 피로 물들어 갔다
산하에 피를 뿌리며 역사의 제단 앞에
숱한 생명을 제물로 바쳤지만
피로 적신 38선 [三八線]은 이별의 땅이 되었다.

젊은 나이에 남편 잃고 엄마 소리도 못하는
코 묻은 자식을 눈물로 키우시던 어머니
내 나이 일곱에 아버지 따라 상여를 탔다
천애의 전쟁고아로 자란 유년시절
나는 애비 없는 자식이었다.
그대들이여 살아있는 자들이여
서러운 민족이여
그 가족들의 아픔을 딛고 일어선 대한민국이여

이 땅 대한에 태어나 조국과 더불어 살다가
성전에 참전해 호국의 신으로 산화한 용사
민족의 성역에 깊이 잠든 영원한 젊은이

대한민국 만세를 부르다 숨져간 거룩한 영웅
꽃다운 생명을 바쳐 지킨 조국의 자유
생명의 불꽃이 빛나리라.

포성은 멎었으나 끝내 끝나지 않은 전쟁
참호 속에 피 묻은 화랑 담배꽁초 끝에
벌겋게 핏발 선 병사들의 눈초리
피로 세워진 이 나라 이 땅을 지키다 숨진
승자도 패자도 없는 전투
형제의 피를 불렀던 눈물 나는 전쟁
그들은 조국을 위해 싸웠노라
남북이 지키고자 했던 것은 서로 다른 사상과 이념이었다.

산 자도 죽은 자도 아픈 6월
그들의 깃발은 언제나 피의 언덕에 세워졌다.
피 끓는 젊은 가슴들이여
피를 나눈 적 그대들이여
살아있는 자들이여 거룩한 민족을 위해
피 묻은 칼 두만강에서 씻자.

6월의 오늘
누군가의 아버지 사랑하는 아들
당신을 먼 곳으로 보낸 지 햇수로 몇 해인가
해마다 눈물짓는 이 땅의 어머니들
산자도 죽은 자도 말 없는 통곡의 시간
먼 길을 걸어온 노병의 눈에 눈물이, 눈물이 맺혔다.

등 돌린 어머니 같은 조국의 얼굴

부끄럽고 슬프다.
나라가 위태로울 때
너희는 조국을 위해 무엇을 하였는가.
피에 젖은 역사
너희가 광복이 뭔지 전쟁이 뭔지 아니
죽는다는 것이 무엇인지 아니

갈 수 없는 땅
명절 때만 되면 고향 하늘 바라다보며
눈물짓는 실향민이 뭔지 아니
민주주의가 뭔지 공산주의가 뭔지 알어?
같은 밭에서 자란 풀이요 꽃이란다.

피로 세운 자유
조국을 위해 울 수 있는 젊음이 있는 나라
순국선열과 애국지사 호국영령
그들이 죽도록 사랑한 이 나라, 이 땅, 이 민족

슬프다 누가 있어 그 피붙이들을 건사할 건가
두고 온 조국에 대한 그리움이었다.
역사가 아프면 사랑도 아프다.

모국을 위해 눈물을 흘리는 조선인의 혼
등 돌린 어머니 같은 조국의 얼굴
울어라 슬픈 민족이여
깊게 팬 살점이 드러난 어느 골짜기,
눈 감지 못한 어린 넋이 어머니를 부른다.
어머니, 어머니, 어머니.

한강 아리랑

천년을 흘러도 한 빛깔, 물 파랑 쳐 오는
갈기 세운 물소리 조국의 아침을 깨운다.

한강 1300리 물길 하늘과 땅 이어주는
구름 머문 백두대간 두문동재 깊은 골
뜨거운 심장 울컥울컥 꺼내놓는 용틀임 춤사위
우리 겨레의 정신과 육신을 가누는
민족의 젖줄 한강 발원지 여기 검룡소.

큰 물줄기 맑고 밝게 뻗어 내리는
골지 천과 아우라지 조양 강 휘돌아 친 두물머리 이끈
한강 한복판에 떠 있는 선유도 갈대숲
물새 둥지 튼 그 속에서도 꽃피웠네.

대한민국 서울 기적 이룬 한강
굴절된 역사의 아픈 눈물 삼키며 제 몸 뒤집는다.
이런 날에 우리 다 같이 부르는 가슴 벅찬 아리랑

아리랑 아리랑 아라리요
아리랑 고개를 넘어간다.

우리 가는 곳 어딘지 몰라도
가버린 것들은 허망하게 아름다운가.
아리랑 아리랑 아라리요
아리랑 고개를 넘어간다.

청동기 문화를 세운, 오늘날 우리 민족의 선조
이 땅 순한 백성들이 원시생활 하던 시절부터
강에 안기던 사람 품을 내주던 강
세월이라는 깊은 강가에 서면 고요한 강물이 내 영혼을 끌고 가네.

먼 옛날 삼각산 소나무 아래 어매 아배 뼈를 묻고,
삽을 씻으며 민초의 한을 씻던 아리수
넓고 깊은 어머니 가슴 강물도 차운 날에

눈이 올라나 비가 올라나 억수장마 질라나
젖가슴 여미는 어머니 가슴 헤집는 젖둥이
온갖 풀꽃 향기에 젖은 물가에 앉아 있어도 목이 마르다.

백두산이 꾸는 통일의 꿈

이 겨레의 밝은 빛 단군왕금(檀君王儉)이 첫발을 디딘 땅
오랜 역사와 문화를 자랑하는 대한국의 중심산
장엄하고도 성스러운 백두산
우리 민족의 미래를 밝히는 횃불
오, 성스러워라
조국 태동의 모산 민족의 조종산(祖宗山)
선조들이 물려준 위대한 유산
구름마저 밀려나간 하늘 자락
뚫을 듯 솟아오른 장군봉 삼족오 깃발 아래
고구려의 후예로 용맹하고 기상이 높았던 발해의 역사
위대한 우리 민족 고구려의 정신을 본받아

이 땅에 우리민족이 영원이 존속번영 해야 하는
역사적인 삶이 그려져 있는
남북통일은 새롭고 강한 한국을 세우는 길이다.
이제는 통일이 이뤄질 때가 되었다.
격동과 아픔의 시대를 겪어낸
분단의 상처가 뚜렷하게 새겨져 있는 군사분계선
춥고 배고픈 백성들의 고달픈 삶과

내 피붙이 내 가족이 같은 하늘 아래 살면서도
자유롭게 만날 수 없는 슬픔과 고통
뼈저린 분단의 아픔을 끝내야 한다.

오, 순결한 천지여
천지 뒤편의 광활한 옛 고구려 땅
빼앗기고 왜곡된 한민족의 역사
고향 잃고 떠도는 민족의 시조 단군
고구려 백제 신라 삼국의 건국태조
삼국통일의 김유신 을지문덕과 계백장군
조선조 문무의 영웅 세종대왕과 이순신
민족의 혼들이여 나라를 구하라.
백두산 천지가 울려 퍼지는 파수꾼의 나팔 소리
북·장구·꽹과리·징의 구음으로 사물 장단에 맞춰
하늘, 땅, 사람이 합쳐 잠든 애국 혼을 깨운다.

만주벌을 누비던 광개토대왕과 그 아들 장수왕
지쳐 누운 넋이 벌떡 일어서 말고삐를 툭 챘다.
지축을 울리는 호태왕의 말발굽 소리가
단군의 후예들 심장의 피 끓게 한다.
천지를 둘러 싼 열여섯 봉우리에 운무가 피어오른다.
하늘에서는 한민족의 혼들이 모여든다.
민족의 시조 단군 태조 건국왕
한 시대를 이끌었던 장수들

죽어서도 민족의 혼을 지닌
무사들의 장엄한 춤사위 펼쳐진다.
피 어린 보검이 지나다니는 길마다 칼의 노래가 흐른다.

역사는 돌고 도는 수레바퀴
내 땅 내 조국의 성산 백두산이 꾸는 통일의 꿈
한민족 시련과 영광의 역사와 남북분단 독도분쟁
아, 대한민국 이 나라는 어디로 가고 있나
우리 민족 모두 힘과 지혜를 모아 악몽 같은 역사에 매듭을 짓자.
그렇다 이제는 통일이 이뤄질 때가 되었다.
백두산은 말한다. 이 민족이여 영원 하라.

조선 최고의 장수 이순신

한민족의 영웅 충무공 이순신 장군
온갖 차별 그리고 백의종군
아 아 성웅 이순신
한려수도 천년 바위 객이 된 어진 신하
조선시대 선조 때
불을 뿜는 거북선 학익진 전술로
왜군을 천 길 물속 수장시킨
눈물로 쓴 전서 난중일기
선인의 족적을 따르는
조선시대 위대한 기록유산
우리가 죽기 전 한 번은 봐야 할 책 난중일기
빛을 잃은 태양
죽어서도 싸운 임진왜란 7년 사
한산대첩 명량해전 노량해전
피 튀기는 거대한 전투
스물세 번 전투를 전승으로 이끈 위대한 해전
이 땅 변방의 백성이 죽음으로 지켜낸 땅
지금 조선은 대한민국과 다른 나라
하지만 같은 민족이 살고 있는 나라
선조들이 흘린 피의 대가
뼈와 살에 아로새겨
자유와 평화의 땅을 영원히 후손들에게 물려주리라

천년을 두고 흐르는 강

바람 이는 강기슭에 닻 거두는
하얀 나룻배 한 척
속살 환히 꿰 비친 얼음장 밑바닥

역사의 신음소리 뒤척이는
어기찬 깊은 물속
웅크린 조룡대(釣龍臺) 바위
시린 놀 빛 씻어 낸다.

말을 잃은 샛강이 쩡쩡 겨울잠 깨는
구드래 나루 갈대숲에
지피는 불씨 하나
생명이 이울던 자리 원시의 힘을 본다.

세상살이 씀바귀 맛
아득히 먼 지나온 길
천년을 두고 흐르는 물같이
제가끔 등짐 진 채
들고 나는 풀꽃 같은 민초들

백마강 풀리는 기미에
외세의 말발굽에 짓밟혀 지도에서 사라진 나라
백제 왕조의 혼이 깃든 부소산성 피가 돈다.

삼전도

선조의 땅,
남한산성 역사 유적지
삼켜내기 힘든 쓰디쓴 역사지만
삼전도 놀랍고도 가슴 아픈 사실이다.

여진족의 청국 지도에서 사라진 나라
조선왕조 500년사 죽음보다 더한
처절한 굴욕 삼배구고두례
인조는 왜 청나라 황제 앞에 머리를 조아렸을까?

힘없는 나라의 울먹한 설움
그 아픔과 상처와 피눈물을 이기고,
끈질기게 지켜낸 윗대
무능하고 부패한 벼슬아치보다
변방의 백성들이 난세에 나라를 구했다.

삼전도비 깨부숴야 할까
거꾸로 놓아야 할까
눕혀야 할까
그대로 보존해야 할까
광화문 큰길 한복판 뉘어놓고 밤낮으로 밟고 다닐까

파란 많은 삼전도비의 비사
전리품으로 끌려간 조선인 포로 60만
그 뼈아픈 역사 잊지 말자
삼전도 지금 이 나라의 나갈 길을 알려준다.
이제 우리가 천년의 역사를 써야 한다.

한 편의 좋은 시를 읽는다는 것은,
영혼의 항아리 속에 향기
좋은 꽃을 꽂아두는 것과 같다.

— 이어령(시인)

후기

암흑 같은 시절 말도 잃고 글도 빼앗겨벙어리 냉가슴으로 죽지 못해 목숨을 부지하던 일제 강점기 조국의 슬픈 역사 앞에 순국선열과 애국지사 호국영령 나라 잃은 망국의 설움에 얼마나 감정이 복받쳤을까 생각하면 한쪽 가슴이 무너져 내린다. 우리 선혈들의 슬픈 눈물이 어린 한민족의 대서사시『민족의 혼을 깨우다』내가 시를 쓰는 이유입니다.

2024년 8 · 15

광복 79주년 기념일에
한 석 산

민족의 혼을 깨우다

초판 인쇄   2024년 8월 11일
초판 발행   2024년 8월 15일

지은이 한석산
발행인 임수홍
편 집 맹신형

발행처 도서출판 국보
주 소 서울 강동구 양재대로 114길 32 2층
전 화 02-476-2757~8   **FAX** 02-475-2759
카 페 http://cafe.daum.net/lsh19577
E-mail kbmh11@hanmail.net

값 15,000원

ISBN   979-11-89214-85-2

· 저자와의 협약에 의해 인지는 생략합니다.
· 이 시집의 글은 저작권법에 따라 보호를 받는 저작물이므로 저자와
  출판사의 동의 없이는 무단 전재 및 무단 복제를 금합니다.

· 잘못된 책은 바꾸어드립니다.